PRESENTED TO

さんへ

Worldwide co-edition produced by Lion Hudson plc,
Wilkinson House, Jordan Hill Road, Oxford OX2 8DR, England
Tel: +44 1865 302750 Fax: +44 1865 302757
Email: coed@lionhudson.com www.lionhudson.com

Printed in Singapore

チャイルド バイブル バイリンガル

2008年10月 1日発行

絵　ヘレン・プロール
文　ジュリエット・ディビッド/ティム・ダウリー
訳　大越 結実
発行　CS成長センター
　　　〒160-0016　東京都新宿区信濃町6　TEL03(3353)0143

発売　いのちのことば社

チャイルド バイブル

バイリンガル

文 ジュリエット・ディビッド
ティム・ダウリー

絵 ヘレン・プロール

もくじ

きゅうやくせいしょ

しんやくせいしょ

きゅうやくせいしょ

世界のはじめ
The Beginning

世界のはじめ、人間はいませんでした。動物も、光も、何もありませんでした。

In the beginning there were no people. No animals. No light. Nothing.

神さまが、「光があれ！」とおっしゃいました。
すると、光がありました。昼があり、夜がありました。
それが1日め。

Then God said, "Let there be light." And there was light. Day and night. And that was day one.

神さまは、海に水を、空に雲をおきました。
それが2日め。

Next God put water in the sea and clouds in the sky. And that was day two.

神さまは地をつくりました。丘や川や谷もつくりました。
それが３日め。

Then God made dry land. And hills. And rivers. And valleys. That was day three.

よっか かみ そら たいよう
4日め、神さまは空に太陽をおきました。
よる つき ほし かがや
夜には月と星が輝くようになりました。

On day four, God put the sun in the sky. That night the moon and stars came out for the very first
time.

14

つぎの日、神さまは海の魚と空の鳥をつくりました。
それが5日め。

The next day, God filled the sea with fish and the sky with birds. That was day five.

6日め、神さまはたくさんの動物と……

On day six God made every sort of animal...

最初の人間、アダムをつくりました。どれもみんな、とてもよく
できました。7日めに、神さまはおやすみになりました。

and the first man, Adam. Everything was just right. Then on day seven God rested!

アダムとエバ
Adam and Eve

アダムはエデンという美しい園に住んでいました。アダムは、
動物たちに名前をつけました。なんて楽しい仕事でしょう！

Adam lived in a beautiful garden called Eden. He named all the animals. What fun!

でも、アダムはひとりぼっちでした。それで、神さまはエバと
いう女の人をつくってくださいました。
But Adam was lonely. So God made a woman too, called Eve.

神さまはアダムにおっしゃいました。「園で楽しくくらしなさい。
でも、あの特別な木の実を食べてはいけません。」
"Enjoy the garden," God said to Adam.
"But never eat fruit from that special tree."

20

ある日、へびがするするとエバによってきました。
「どうして、あの木の実を食べないんだい。」エバはこたえました。
「神さまが、食べてはいけないとおっしゃったのよ。」

One day a snake slithered up to Eve. "Why don't you take a bite of *that* fruit?" "God told us not to," said Eve.

でも、エバはその実をがぶりと食べてしまいました。
But Eve did bite the fruit.

そして、アダムにもあげました。

And then she gave some to Adam, too.

アダムとエバは神さまのいいつけを守らなかったので、美しい園から追い出されてしまいました。

Adam and Eve didn't do as God said, so he sent them out of the beautiful garden.

2人はとても後悔しました。とても悲しみました。

They were very sorry and very sad.

25

ノア
Noah

アダムとエバに、2人の男の子が生まれました。カインとアベル
です。そしてまた、子どもたちが生まれました。

Adam and Eve had sons – Cain and Abel. And then they had children, too.

そのうち、地上には人がいっぱいになりました。
ところが、人々は悪いことばかりするのでした。

Soon there were many people on the earth. But they were unkind and bad.

神さまは、お悲しみになりました。「大きな洪水をおこして、世界をきれいにしよう。」そのとき、神さまは1人の男の人をごらんになりました。ノアです。

God was sad. "I shall send a great flood to wash my world clean again," he said. Then he noticed one good man. His name was Noah.

神さまはノアにおっしゃいました。「だれもつくったことがない ような大きい舟をつくりなさい。」

God said to Noah, "Build a big boat – bigger than anyone has ever made."

ノアの友達は、みんな笑っていいました。「どうして陸の上で大きな舟をつくっているんだい？」

Noah's friends all laughed. "Why are you building a huge boat on dry land?" they asked.

それでもノアは、舟づくりをやめませんでした。舟ができあがると、神さまがおっしゃいました。「すべての動物を2ひきずつ集めなさい。」

But Noah kept building. When he had finished, God said, "Collect two of every animal."

ノアは、動物たちと家族を箱舟にのせました。神さまが舟の戸を
お閉めになりました。

Then Noah took all the animals and all his family into the ark. And God shut the door.

雨が降りだしました。

Then the rain started.

雨が降りつづいて、洪水になりました！ 箱舟は、水の上にぽっかりと浮かびました。

The rain came down and the flood came up! Soon the ark was afloat on the water.

でも、箱舟にのっているみんなはだいじょうぶ。

But everyone was safe inside the ark.

ようやく雨がやんで、水が引きはじめました。ノアは地面を見つけるために、はとをはなしました。はとは、すぐもどってきました。地面が見つからなかったのです。

At last the rain stopped and the water started to go down again. Noah sent a dove to find land. But it came back. It couldn't find any land.

ノアはもういちど、はとをはなしました。

するとこんどは、葉っぱをくわえてもどってきました。
かわいた地面が見つかったのです。

Noah sent out the dove again. Now it came back with a leaf. Noah knew the dove had found dry land.

箱舟は、山のてっぺんでとまりました。ノアと家族と動物たちは、箱舟からおりました。

The ark came to rest on a mountain. Noah and his family and all the animals came out of the ark.

神さまは、空に虹をかけて約束してくださいました。
「もうけっして、世界を洪水でほろぼしません。」

And God put a rainbow in the sky. He promised never again to flood the earth.

41

とても高い塔
The Great Tower

人々は、とても高い塔を建てはじめました。
「天までとどく塔をつくろう。」

Men started to build a very high tower. "Let's try to reach heaven," they said.

それを聞いて、神さまはお怒りになりました。そして、みんな
ちがうことばを話すようになさいました。
何をいっているのか、だれにもわかりません！

God was angry when he heard this. So he made all the people speak different languages. No one could understand anyone else!

人々は塔を完成させようとしましたが、みんながちがうことばを話すので、つぎに何をしたらよいのかわかりません。

They tried to finish the tower. But because they all spoke in different languages, no one knew what to do next.

44

塔は完成しませんでした。もちろん天にとどくこともありません
でした。
それは「バベルの塔」とよばれるようになりました。

So the tower was never finished. And, of course, it never reached heaven! It was called the Tower of
Babel. Or Babble!

アブラハム
Abraham

アブラハムという人がいました。神さまがアブラハムにおっしゃいました。

「長い旅をして新しい土地に行きなさい。」それでアブラハムは、家族とらくだや牛や羊をつれて出かけました。

There was a man called Abraham. God said to him, "Go on a long journey to a new country." So he set out with his family, his camels, his cattle, and his sheep.

ようやく、神さまが約束してくださった土地につきました。
そこには、みどりの谷があり、川が流れていました。

At last he arrived in the land God had promised. There were green valleys and flowing rivers.

47

アブラハムは、おいのロトもつれてきました。ロトは、羊や山羊
のためにいちばんいい土地に行きたいといいました。

Abraham had brought his nephew Lot too. But Lot argued with Abraham. He wanted the best land for his sheep and goats.

「わかったよ、ロト。好きなところに引っ越しなさい。」
アブラハムは親切にいいました。

"All right, Lot – you take the best land," said Abraham kindly.

49

神さまはアブラハムに約束なさいました。「いつか、あなたには、たくさんの子どもと、孫と、ひ孫ができますよ。」

God promised Abraham: "One day you will have many children and grandchildren and great-grand-children in your family."

ところが、アブラハムも奥さんのサラも、子どもを持つには年を取りすぎていました。

But Abraham was now very old. And his wife, Sarah, was old. Too old to have children.

ある日、アブラハムのところに３人の旅人がやってきました。神さまからの知らせを持ってきたのです。「男の子が生まれますよ。」

One day some strangers visited Abraham. They had a message from God. "You are going to have a son," they promised.

そのとおり、サラは男の子をうみました。サラは赤ちゃんにイサクという名前をつけました。

And, sure enough, Sarah had a baby boy.
She named him Isaac.

53

イサクは、りっぱなおとなになって、お父さんのアブラハムの
お手伝いをしました。

Isaac grew up to be a fine man. He helped his father, Abraham.

アブラハムは召使を、イサクのお嫁さんを見つける旅に行かせました。

Abraham sent one of his servants on a journey to find a wife for Isaac.

召使は井戸のそばで祈りました。「神さま、イサクさんのために神さまがおえらびになった人に会わせてください。わたしとらくだに水を飲ませてくれる女の人が、その人でありますように。」

The servant stopped at a well. God said to him, "The woman who gives water to your camels shall be Isaac's wife."

若い女の人が井戸にやってきました。その人は、召使とらくだたちに水を飲ませてくれました。召使は、神さまがイサクのためにおえらびになったのはこの人だとわかりました。その人の名前はリベカといいました。

A young woman came to the well. "Would you like water for your camels?" she asked. At once the servant knew God wanted her to be Isaac's wife. Her name was Rebekah.

ヤコブとエサウ
Jacob and Esau

イサクとリベカは結婚して、ふたごの男の子が生まれました。
先に生まれたエサウは、とても毛むくじゃらでした。

Isaac and Rebekah married and had twin sons. Esau, the first twin, was very hairy.

エサウは狩りが好きでした。でも、つぎに生まれたヤコブは、お母さんのリベカといっしょに家にいるのが好きでした。

Esau liked to go hunting. But Jacob, the second twin, loved to be at home with his mother, Rebekah. He was tricky.

イサクは、エサウに特別な祝福をあたえたいと思いました。リベカは、ヤコブに祝福をあたえたいと思いました。
ある日、ヤコブが狩りに出かけているとき、リベカはヤコブのうでに子やぎの毛皮をつけました。

Isaac wanted to give Esau his special blessing. But Rebekah wanted Jacob to have it instead. So one day, when Esau was away hunting, Rebekah put animal skin on Jacob's arms.

イサクは年を取って、目が見えなくなっていました。ヤコブのうでをさわると毛むくじゃらだったので、イサクは、これはエサウだと思いました。それでイサクは、ヤコブに特別な祝福をあたえてしまったのです！

By now Isaac was very old and blind. Jacob's arms felt hairy, so Isaac thought he was Esau. And Isaac gave Jacob his special blessing!

それを知ったエサウは、とても腹をたてて、「ヤコブがぼくの祝福をぬすんだ！」とさけびました。

When Esau found out, he was very angry. "Jacob has stolen my blessing!" he shouted.

ヤコブは、遠くに住んでいるおじさんのところに逃げていきました。

So Jacob had to run away to his uncle, who lived in a far country.

ある晩、ヤコブは荒野で、石をまくらにしてねむりました。

One night Jacob lay down to sleep in the desert. He used a stone as a pillow.

ヤコブはすてきな夢を見ました。天にとどくはしごと、はしごを上り下りする天使たちを見たのです。

He had a wonderful dream. He saw a stairway to heaven, with angels walking up and down.

つぎの朝、ヤコブは目をさましていいました。「神さまが、ここにいらっしゃる！」

When Jacob woke up next morning he said, "God is in this place!"

とうとう、おじさんの家につきました。おじさんには、レアとラケルという2人の娘がいました。

At last, Jacob reached his uncle's house. His uncle had two daughters, Leah and Rachel.

ヤコブはラケルを好きになりました。おじさんがいいました。
「もし、7年間わたしのために働いてくれたら、娘と結婚しても
いいよ。」

Jacob fell in love with Rachel. His uncle told Jacob, "If you work for me seven years, you may marry
my daughter."

68

7年たって、結婚式をしました。お嫁さんの顔は、ベールにかくれて見えませんでした。

Seven years later the wedding took place. The bride wore a veil to hide her face.

お嫁さんがベールをぬいだとき、ヤコブは、ラケルでなくレアと結婚してしまったことに気づきました。

But when she took off the veil, Jacob found out he had marrried Leah – not Rachel.

ヤコブはまだラケルが好きでした。それで、もう7年間 働く約束をして、ラケルと結婚しました。

Jacob still loved Rachel. So he worked seven more years. Then at last he married her.

何年もたって、ヤコブは家に帰ることにしました。ヤコブは心配でした。エサウはまだ怒っているでしょうか。

Many years passed. Jacob decided to go home. He was worried. Was Esau still angry with him?

ところが、ヤコブに会ったエサウは、ヤコブをぎゅっと抱きしめました。兄弟はなかなおりをしたのです！

But when Esau saw Jacob, he gave him a great big hug. The brothers were friends again!

ヨセフ
Joseph

ヤコブは大家族になりました。ヤコブには12人の息子がいたのです。

Jacob had a big family. He had twelve sons.

ヤコブはヨセフをいちばん気に入っていたので、ヨセフにすてきな上着を着せました。

Jacob loved Joseph more than his other sons.
He gave Joseph a wonderful coat.

ある日、ヨセフがお兄さんたちにいいました。「ぼく、刈り入れの夢を見たよ。お兄さんたちの麦のたばが、ぼくの麦のたばにおじぎをしたんだ。」

"I dreamt we were in the fields at harvest time," Joseph told his brothers one day. "Your bundles of grain bowed down to mine."

お兄さんたちは、とても怒りました。「それじゃあ、わたしたちがおまえにおじぎをしなければいけないのかい。」

Joseph's brothers were very cross. "So you think we should bow down to you?" they said.

お兄<ruby>にい</ruby>さんたちは、ヨセフを水<ruby>みず</ruby>のない井戸<ruby>いど</ruby>に投<ruby>な</ruby>げこみました。
The brothers plotted against Joseph. They threw him down a dry well.

それから、ヨセフを商人に売りました。でも、年を取ったヤコブ
には、「ヨセフは、けものに殺された」といいました。

Then they sold him to traders. But his brothers told old Jacob, "Joseph has been killed by a wild animal."

商人たちは、ヨセフを遠いエジプトにつれていって、どれいとしてお金持ちに売りました。

The traders took Joseph to the far-off land of Egypt. There they sold him to work for a rich man.

ある日、ヨセフはとつぜん牢屋に入れられました。何も悪いこと
をしないのに！

One day, Joseph was suddenly thrown into prison, though he had done nothing wrong!

牢屋の中でヨセフは、そこにいる人たちが見た夢の意味を教えて
あげました。

In prison, Joseph helped people by telling them what their dreams meant.

ある晩、エジプトの王さま、パロが、7頭の太った牛の夢を見ました。そこに7頭のやせた牛が来て、太った牛を全部のみこんでしまったのです。

One night, Pharaoh, king of Egypt, dreamt about seven fat cows. Then seven skinny cows came and swallowed them all up.

83

つぎにパロは、7つのよく実った穂の夢を見ました。その穂は、
7本のしなびた穂に食べつくされてしまいました。
Next he dreamt of seven fat ears of grain. Seven thin ears came and gobbled them all up.

パロは、ねむれなくなりました。夢が気になってしかたがありません。いったいどんな意味があるのでしょう。

Pharaoh couldn't sleep. He didn't like his dreams. Whatever did they mean?

やがてパロは、ヨセフには夢の意味がわかるということを聞きました。パロはヨセフを宮殿によびました。

Then Pharaoh heard that Joseph was an expert at dreams. He called him to his palace.

「これから7年間、雨が降らなくなります」とヨセフは説明しました。「それで食べ物がたりなくなってしまうでしょう。」

"There will be seven years without rain," Joseph explained. "There won't be enough to eat."

その説明に満足したパロは、ヨセフにエジプトの国をまかせました。ヨセフはいつでも十分に食べられるように、食べ物をたくわえました。

Pharaoh was pleased with Joseph. He put him in charge of Egypt. Joseph stored up food so that there was always enough to eat.

それからヨセフは、食べ物にこまらないように、お父さんと兄弟たちをエジプトにつれてきました。

And Joseph brought his father and brothers to Egypt so that they had enough to eat too.

モーセ
Moses

ヤコブとヨセフとその兄 弟たちが死んで何年もたつと、新しいパ
ロがエジプトをおさめるようになりました。

新しいパロはひどい人でした。パロはヨセフの子孫たちに、つらい仕事をさせました。ヨセフの子孫はイスラエル人と呼ばれていました。

Many years later, after Jacob and Joseph and his brothers had died, a new Pharaoh ruled Egypt. He was cruel. He made Joseph's family build great temples. Joseph's family were called *Israelites*.

パロは、イスラエル人が多すぎると思いました。それで、「男の赤ん坊はみんな殺してしまえ」と兵隊たちに命令しました。

Pharaoh thought there were too many Israelites. So he ordered his soldiers, "Go and kill all their baby boys."

ところが、ある女の人が赤ちゃんをかごにかくしました。
そのかごを川に浮かべました。

But one woman hid her baby in a basket. She floated the basket in the river.

パロの娘が、かごに入った赤ちゃんを見つけました。
王女は赤ちゃんをかわいいと思いました。

Pharaoh's daughter, the princess of Egypt, saw the baby in the basket. She loved him.

王女は、イスラエル人の赤ちゃんを宮殿につれていって、モーセという名前をつけました。

So she took the Israelite baby back to her palace. She named him Moses.

おとなになったモーセは、エジプトから逃げ出しました。
モーセは荒野で羊の世話をしました。

When Moses grew up, he ran away from Egypt. He looked after sheep in the desert.

ある日モーセは、火につつまれたしばを見ました。しばは、あか
あかと燃えているのに、燃えつきないのです。
One day he saw a bush on fire. It burned brightly
but didn't burn up.

しばの中から、神さまがモーセに話しかけました。「モーセよ。わたしの民をエジプトからつれ出しなさい！」

An angel spoke to Moses from the bush. "God says, 'Return to Egypt. Tell Pharaoh to let my people go!'"

モーセは、お兄さんのアロンといっしょにエジプトに行って、パロにいいました。
「神さまが、わたしの民を行かせなさいとおっしゃっています。」
So Moses and his brother Aaron went to Egypt. They told Pharaoh, "God says, let my people go!"

99

けれどもパロはいいました。「おまえたちの神なんか知らない。
イスラエル人を逃がしてなどやるものか。」

But Pharaoh said, "I don't know your God. And I won't let your people go."

すると神<ruby>神<rt>かみ</rt></ruby>さまは、エジプトで、おそろしいことがおこるようにな

さいました。どこもかしこも、かえるだらけになったのです！

So God made terrible things happen in Egypt.
Frogs hopped everywhere!

ぶよがみんなをかみました！　あぶがブンブン飛びまわりました！　牛は病気にかかって死んでしまいました。川の水は赤い血に変わりました。

Gnats nipped everyone! Flies buzzed everywhere! Cows got sick and died. The river turned as red as blood.

エジプト人たちにおできができました。空からは大きなひょうが降ってきました。いなごが草を食いつくしました。どこもかしこも、まっくらで何も見えなくなりました！ そして、エジプト人の家に最初に生まれた子どもたちは死んでしまいました。

People got spots on their skin. Big hailstones fell from the sky. Grasshoppers gobbled the leaves. It was dark everywhere! And the oldest Egyptian children died.

とうとうパロがいいました。「すぐに出ていけ！」

Finally, after all these terrible things, Pharaoh said, "Go!"

モーセは、イスラエル人たちをエジプトからつれ出しました。
昼間は、雲の柱があらわれて、みんなをみちびきました。

So Moses led the Israelites out of Egypt. By day, a pillar of cloud went in front.

夜になると、火の柱が明るくてらして、みちびきました。

And at night a pillar made of fire led them.

そのうち、パロの気が変わりました！　イスラエル人たちを取り
もどしたくなったのです。パロは、兵隊たちにイスラエル人を追
わせました。

Then Pharaoh changed his mind! He wanted the Israelites back. So he sent his soldiers to chase them.

目の前には紅海、後ろにはエジプトの兵隊。イスラエル人たちは、進むこともももどることもできません！　こわくて、ふるえあがりました！

The Red Sea was in front. The Egyptians behind. The Israelites were trapped! They shook with fear!

神さまはモーセに、「つえをさし出しなさい」とおっしゃいました。
そして神さまは、水を分けて道をおつくりになりました。
God told Moses to hold out his stick – and God parted the water.

すべてのイスラエル人<ruby>人<rt>じん</rt></ruby>が、かわいた地面<ruby>地面<rt>じ めん</rt></ruby>を歩<ruby>歩<rt>ある</rt></ruby>いて、海<ruby>海<rt>うみ</rt></ruby>を渡<ruby>渡<rt>わた</rt></ruby>ることができました。

All the Israelites marched across on dry ground.

すると水は、もとにもどりました。イスラエル人たちはエジプトの兵隊から逃げることができたのです！

But then the waters met again. The Israelites escaped the Egyptian soldiers!

イスラエル人たちは、何年間も荒野でくらしました。神さまは毎朝、マナという特別な食べ物を用意してくださいました。それはとてもおいしいものでした。

The Israelites spent many years in the desert. Every morning God sent them special food called *manna* to collect. It tasted good.

夜には、料理して食べるように、うずらという鳥を送ってくださいました。

And each night God sent birds called quails to cook and eat.

モーセの旅 —— 約束の地へ

モーセはシナイ山という高い山にのぼりました。その頂上で、
モーセは神さまに会いました。

Moses climbed a great mountain called Sinai. At the top he met with God.

モーセがいつまでも帰ってこないので、イスラエル人たちはモーセは死んだのだと思いました。それで、金で子牛の像をつくっておがみました。

Moses was away so long the Israelites thought he was dead. So they made a calf from gold and bowed down to it.

119

ようやくモーセが山からおりてきました。モーセは、神さまとの約束を書いた２枚の石の板を持ってきました。

At last Moses came down the mountain. He carried two stones with God's good rules on them.

イスラエル人たちが神さまのかわりに金の子牛の像をおがんでいるのを見たモーセは、はげしく怒りました。

When Moses saw the Israelites praying to a golden calf instead of God he was furious.

神さまは、モーセに特別な天幕をつくるようにおっしゃいました。
イスラエル人たちは、そこで神さまと会うことができるようにな
りました。

God told Moses to build a special tent. The Israelites could meet with God there.

122

モーセはイスラエル人たちを、神さまが約束なさった土地にみち
びきました。そして、男の人たちを偵察に行かせました。

Moses was leading the people to the land God had promised. He sent some men to spy it out.

123

2人の男の人が、とても大きなぶどうのふさを持って帰りました。
「とてもすばらしいところだよ！」と2人はいいました。

Two men came back with huge bunches of grapes. "It's a beautiful land!" they said.

けれども、ほかの人たちは、こういいました。「あそこには、とっても大きい人たちがいるよ。ぜったいに勝てっこないよ。」

But the rest of the spies said, "There are giants in that land. We'll never win it."

イスラエル人たちが約束の地につく前に何年もすぎました。
モーセは年を取って亡くなりました。

Many years passed before the Israelites went to the Promised Land. Moses grew very old and died.

ヨシュア

Joshua

神さまは、イスラエル人たちに
新しいリーダーをあたえてくださいました。ヨシュアという人です。

God gave the Israelites a new leader. His name was Joshua.

127

ヨシュアは、ヨルダン川を渡って、みんなを約束の地にみちびきました。イスラエル人たちは、神さまの天幕から特別な箱を運び出しました。

Joshua led the people across the River Jordan to the Promised Land. They carried the special box from God's tent.

そして、エリコの大きな町まで行進しました。どのようにして
その町に入れたのでしょうか。

They marched to the great city of Jericho. How could they ever capture it?

神さまはヨシュアに、どうしたらよいか教えてくださいました。
それでイスラエル人たちは、6日間、町のまわりを行進しました。

God told Joshua what to do. So the Israelites marched around the city for six days.

7日めは、町のまわりを7回も行進しました。それから、角笛を吹いてさけびました。するとどうでしょう、町の壁がガラガラとくずれ落ちたではありませんか！

But on the seventh day they marched around the city seven times. Then they blew their trumpets and shouted. The walls just tumbled down!

ギデオン
Gideon

つぎに神<ruby>神<rt>かみ</rt></ruby>さまは、イスラエル人<ruby>人<rt>じん</rt></ruby>をみちびくためにギデオンを
おつかわしになりました。

Next, God sent a man called Gideon to lead the Israelites.

神さまはギデオンに、「小さい軍隊をつくりなさい」とおっしゃいました。ギデオンは兵隊たちに、たいまつとつぼを持たせました。

God told Gideon, "You need only a tiny army." Gideon gave his soldiers torches and pots.

133

真夜中に、ギデオンの兵隊たちは、つぼをこわして、たいまつに
火をつけました。

At dead of night, Gideon's men smashed the pots and lit the torches.

134

敵の兵隊たちは、おどろいて逃げていきました。神さまの民が戦いに勝ったのです！

The enemy soldiers were terrified. They all ran away. God's people had won!

サムソン
Samson

神さまは、イスラエル人をみちびくためにサムソンという人をおつかわしになりました。とても強い人でした。

God sent a man called Samson to lead the Israelites. He was very strong.

神さまは、サムソンが手でライオンをやっつけるのを助けてくだ
さいました。

God helped him kill a lion with his bare hands.

サムソンは、かみの毛を切らないことを神さまに約束しました。かみの毛を切らなければ強いままでいられるのです。けれどもサムソンは、かみの毛を切らせてしまいました。

Samson promised God to let his hair grow long. That kept him strong. But then he let a woman cut his hair.

サムソンは弱くなりました。神さまに従わなかったからです。
Now Samson was weak. He had disobeyed God.

ルツ
Ruth

ルツとしゅうとめのナオミは遠いところに住んでいました。2人とも、ご主人が亡くなりました。それである日、ナオミは、約束の地イスラエルに帰ることにしました。

ルツもいっしょに行きました。ルツはナオミのお世話をしたかったのです。

Ruth and her mother-in-law Naomi lived far away. Their husbands had died, so one day Naomi decided to go home to Israel, the Promised Land.
Ruth went too. She wanted to look after Naomi.

ある日、ルツは食べ物をさがしに畑に行きました。

One day, Ruth went to the fields to find food for them to eat.

畑で、ルツはボアズという人に会いました。ボアズはルツのことが好きになって、やがて2人は結婚しました。

In the fields she met a man called Boaz. He loved her and they got married.

サムエル

Samuel

お母^{かあ}さんはサムエルを宮^{みや}につれていきました。
この男^{おとこ}の子^こは、祭司^{さいし}のエリを手伝^{てつだ}うことになっていたのです。

Samuel's mother brought him to the temple. The young boy was going to help Eli the priest.

ある晩、サムエルはベッドの中で、「サムエル、サムエル！」と
よぶ声を聞きました。
One night in bed Samuel heard a voice call,
"Samuel, Samuel!"

サムエルは、エリのところに走っていってたずねました。「およびになりましたか。」

Samuel ran to Eli. "Why did you call me?" he asked.

「よばないよ」とエリはいいました。「それはきっと神さまにちがいない。」

"I didn't call," Eli said. "It must have been God."

146

少年はまた声を聞きました。「サムエル、サムエル！」こんどは、神さまがおっしゃることを注意ぶかく聞きました。

The boy heard the voice again. "Samuel, Samuel!" This time he listened carefully to what God told him.

おとなになったサムエルは、神さまの預言者になりました。
イスラエル人たちがいいました。「王さまがほしい！」

When he grew up, Samuel became God's messenger. The Israelites said, "Give us a king!"

148

そこで、神さまはサムエルをサウルという人のところに行かせました。サムエルはサウルの頭に、王さまになるしるしの油をそそぎました。

So God sent Samuel to a man called Saul. He poured oil on Saul's head to show that he was king.

はじめのうち、サウルはよい王さまでした。ところが、神さまが
喜ばないことをするようになりました。

そこで神さまは、サムエルに新しい王さまをさがさせました。
At first Saul was a good king. But he began to do things that didn't please God.
So God sent Samuel to find another king.

ダビデ王

King David

サムエルは、8人の息子がいる人のところに行きました。神さまが王さまとしておえらびになったのは、いちばん年下のダビデでした。

Samuel visited a man who had eight sons. God chose David, the youngest son, to be king.

ある日、ダビデはゴリヤテという巨人と戦うために出かけました。
ダビデが持っているのは、石投げと5つの石だけです。

One day, David went to fight a giant named Goliath. David had only a sling and five stones.

152

ダビデは神さまに助けをもとめました。ダビデが石投げをふりま
わすと、石は巨人に命中しました。そして、バタン！　ゴリヤテ
は、たおれて死んでしまいました。

But David asked God to help him. He swung his sling, a stone hit the giant – and CRASH! Goliath
fell down dead.

ときどき、サウル王はきげんが悪くなりました。ダビデは王さまを元気づけるために立て琴をひきました。

Sometimes King Saul was grumpy.
David played his harp to cheer him up.

ダビデのいちばんなかよしは、サウル<ruby>王<rt>おう</rt></ruby>の<ruby>息子<rt>むすこ</rt></ruby>のヨナタンでした。

David's best friend was Saul's son, Jonathan.

人々は、「サウルよりダビデのほうが勇敢だ」といいました。
それを聞いてサウル王は怒りました。ある日、サウル王はダビデ
に槍を投げつけました。

But people said, "David is much braver than Saul." This made Saul angry. One day he threw a spear at David.

ダビデは逃げました。サウル王は国じゅうダビデを追いかけました。けれども、いつも神さまがダビデの逃げ場を用意してくださいました。

David ran away. Saul chased him all over Israel.
But God made sure David always escaped.

サウル王が死ぬと、ダビデがイスラエルの王さまになりました。

When Saul died, David became king of Israel.

ダビデとダビデの軍隊は、イスラエルの敵をみんなやっつけました。
He and his army beat all Israel's enemies.

ダビデは美しいエルサレムの町の宮殿に住んでいました。

David lived in a palace in the beautiful city of Jerusalem.

そして、神さまの天幕からエルサレムに神さまの箱を移しました。

And he brought the special box from God's tent to Jerusalem.

ダビデの友達のヨナタンには、メフィボシェテという足の不自由な息子がいました。

David's friend Jonathan had a son called Mephibosheth. He had a bad leg.

ダビデはメフィボシェテを宮殿によんで、「神さまが、きみを愛
していらっしゃるよ」と教えました。
David invited Mephibosheth to live in his palace. He showed him that God loved him.

かしこいソロモン王

Wise King Solomon

ダビデが死ぬと、
ダビデの息子のソロモンがイスラエルの王さまになりました。

When David died, his son Solomon became king of Israel.

夢の中で、神さまがソロモンにお聞きになりました。「いちばんほしいものは何ですか。お金？ じょうぶな体？ 食べ物？」

In a dream God asked him, "What would you like most of all? Money? Health? Food?"

165

ソロモンがいいました。「神さま、わたしを、かしこい人にしてください。」神さまは喜んでおっしゃいました。「あなたはかしこい人になる。」

But Solomon said, "Dear God, make me wise." God was pleased. "You shall be wise," he said.

かしこいソロモン王のことは、どこでも有名でした。美しいシェバの女王が遠くから訪ねてきました。

Solomon the Wise was famous everywhere. The beautiful Queen of Sheba came from far away to visit him.

女王はソロモン王にたくさんの質問をしました。そして最後に、「神さまが、あなたをとてもかしこい人にしてくださったのですね」といいました。

She asked Solomon many questions. Finally she said, "God has made you very wise."

ソロモン王は、人々が神さまを礼拝するための美しい神殿を建て
ました。その中に、神さまの天幕からはこんできた神さまの箱を
おきました。

Solomon built a beautiful temple where the people could worship God. Inside, he put the special box
from God's tent.

神殿が完成すると、あちらこちらから、大勢の人が神さまにお祈りするためにやってきました。

When the temple was finished, people came from near and far to pray there.

170

エリヤ
Elijah

イスラエルの王<ruby>王<rt>おう</rt></ruby>さまには、ダビデのようなよい<ruby>人<rt>ひと</rt></ruby>もいれば、サウルのような<ruby>悪<rt>わる</rt></ruby>い<ruby>人<rt>ひと</rt></ruby>もいました。

アハブという<ruby>悪<rt>わる</rt></ruby>い<ruby>王<rt>おう</rt></ruby>さまは、<ruby>偶像<rt>ぐうぞう</rt></ruby>をおがみました。

Some of Israel's kings were good, like David. Others were bad, like Saul. One wicked king, named Ahab, told his people not to worship God.

神さまは、預言者のエリヤをアハブ王のところに行かせました。「神さまにあやまりなさい。そうしないと、雨が降らなくなります。作物が育たなくて、国民は飢えてしまいますよ。」

God sent Elijah, one of his messengers, to Ahab. "Tell God you are sorry, or there will be no rain. No crops will grow. Your people will go hungry."

172

アハブは笑って、神さまにあやまろうとしませんでした。それで雨が降らなくなりました。

But Ahab laughed. He did not tell God he was sorry. So it didn't rain.

アハブは腹をたてて、エリヤをつかまえようとしました。エリヤは荒野に逃げました。どうやって食べ物をさがすのでしょうか。

Ahab was angry with Elijah. He wanted to catch him. So Elijah ran away to the desert. But how would he find food there?

神さまは、エリヤが水を飲めるように、小川に行かせました。
そして、からすに食べ物を運ばせました。

God brought Elijah to a stream where he could drink. And he sent ravens with food to eat.

175

それから、神さまはエリヤを、まずしい女の人のところに行かせました。その人は息子とくらしていました。「何か食べ物をいただけませんか」とエリヤはたのみました。

Later God sent Elijah to a poor woman who lived with her son. "Please give me something to eat," he said.

その女の人は、パンを1つつくれるだけの小麦粉と油しか持っていませんでしたが、エリヤに分けてくれました。

The woman had only enough flour and oil to make one loaf. But she shared it with Elijah.

「心配しないで」とエリヤがいいました。「神さまが、わたしたちに食べ物をくださいますよ。」それからずっと、小麦粉と油はなくなりませんでした。

"Don't worry," said Elijah. "God will give us food." After that there was always enough flour and oil.

「神さまが助けてくださったんだわ」と女の人はいいました。

"God has helped us," said the woman.

アハブ王は、バアルという偶像をおがんでいました。バアルに雨ごいをしましたが、雨は降ってきません。

King Ahab prayed to an idol called Baal. He asked Baal to send rain. But no rain came.

そこでエリヤがいいました。「石をつんで、祭壇を２つつくりましょう。」

So Elijah said, "Let's both build an altar from stones."

「そして、神さまとバアルに、それぞれ祈りましょう。バアルが祈りにこたえるかどうか見ようではありませんか。」

"Now let's both pray. We'll see if Baal answers."

アハブ王とバアルの預言者たちは、バアルに祈りをささげ、おどりました。けれども何もおこりません。

Ahab and the people prayed to Baal. They danced for him. But still nothing happened.

こんどはエリヤが神さまに祈りました。すると、天から火が降っ
てきました。

Then Elijah prayed to God – and fire came from heaven!

そして、すぐに雨が降りだしました。これで作物が育ちます！
人々は神さまに感謝しました。

And soon rain came too. Now the crops would grow! The people thanked God.

エリシャ
Elisha

エリヤには、エリシャという弟子がいました。

Elijah had a helper called Elisha.

ある日、火の戦車が空からおりてきて、年を取ったエリヤを天に
つれていきました。

One day, when Elijah was very old, a chariot of fire flew from the sky. It carried him away to heaven.

エリヤは、エリシャに向かって自分の上着を投げました。
こんどは、エリシャが神さまの預言者になったのです。

Elijah threw his coat down to Elisha. Now *he* was God's special helper.

ナアマン
Naaman

将<ruby>軍<rt>しょうぐん</rt></ruby>のナアマンは、<ruby>重<rt>おも</rt></ruby>い<ruby>皮<rt>ひ</rt></ruby><ruby>膚<rt>ふ</rt></ruby><ruby>病<rt>びょう</rt></ruby>にかかっていました。

There lived a great army captain called Naaman. He had a terrible skin disease.

ナアマンの家の召使がいいました。「エリシャのところへ行って
ください。神さまのお力で病気をなおしてくれます。」

Naaman's servant said, "Go to see Elisha. He can heal you, with God's help."

190

ナアマンはエリシャに会いに行きました。エリシャは、「ヨルダン川に7回つかりなさい」といいました。

So Naaman went to see Elisha. "Dip seven times in the River Jordan," Elisha told him.

ナアマンは、とてもくだらないと思いました。けれども召使たち
は、「エリシャがいうとおりにしてください」といいました。

Naaman thought this sounded very silly. But his servants said, "Please do as Elisha tells you."

ナアマンは、川に7回つかりました。すると神さまが病気をなおしてくださいました。

So Naaman dipped himself in the river seven times. And God healed him.

エレミヤ
Jeremiah

神<ruby>神<rt>かみ</rt></ruby>さまは、もう<ruby>1人<rt>ひとり</rt></ruby>の<ruby>預言者<rt>よげんしゃ</rt></ruby>をイスラエルにおつかわしになりました。エレミヤです。

God sent more special messengers to the Israelites. One was called Jeremiah.

エレミヤはいいました。「神さまを信じなさい。さもないと、神さまは外国の軍隊を送ってあなたがたをほろぼすでしょう。」

"Turn back to God," said Jeremiah. "Or God will send armies from other countries to beat you."

けれども人々は耳をかたむけません。ある日、バビロンの大王が軍隊を率いてやってきました。

But the people didn't listen. One day, the great king of Babylon came with his army.

大王は、イスラエル人たちを捕らえて自分の国につれていきました。

He took all the people to his land far away.

ダニエル

Daniel

ダニエルはイスラエル人でした。バビロンに住んでいましたが、
神さまに祈ることをやめませんでした。

Daniel was an Israelite. He lived in Babylon, but he still prayed to God.

かしこいダニエルは、バビロンの王さまを助けて働きました。

Daniel was wise. He helped the king of Babylon.

ある日、王さまは新しい法律をつくりました。「だれでも、わたしにだけ祈るように。」

One day the king made a new law. "Everyone must pray only to me."

でもダニエルは、神さまに祈ることをやめません。王さまの命令に従わなかったのです。
But Daniel still prayed to God. He disobeyed the king.

大臣たちが、ダニエルが神さまに祈っていることを王さまにいいつけました。

Then some sneaky men told the king that Daniel was still praying to God.

王さまは、ダニエルをライオンの穴に投げこみました！

So the king threw Daniel into a den of lions!

「神さま、ライオンから守ってください！」とダニエルはお祈りしました。

"Dear God, please save me from the lions!" Daniel prayed.

神さまがライオンの口を閉じてくださったので、ライオンはダニエルに何もしませんでした。ダニエルはぶじでした！

And God shut the lions' mouths. They didn't touch Daniel. He was safe!

ヨナ
Jonah

ヨナも神<ruby>神<rt>かみ</rt></ruby>さまの<ruby>預言者<rt>よげんしゃ</rt></ruby>でした。

Jonah was another of God's messengers.

ある日、神さまがヨナにおっしゃいました。「ニネベに行って、そこに住む人たちに悪いことをやめるように伝えなさい。」

One day, God said to Jonah, "Go to Nineveh. Tell the people to stop doing bad things."

ヨナはこわくなったので、ほかのところに行く舟にのりました。

But Jonah was scared. So he took a boat going the other way.

とつぜん、あらしがおこりました。水夫たちは、ヨナを海に投げ
こみました。

Suddenly a storm arose. The sailors threw Jonah into the waves.

209

神さまが大きな魚を送って、ヨナをのみこませました。
それでヨナは、ぶじでした。

God sent an enormous fish to swallow Jonah. But he wasn't harmed.

３日たつと、魚はヨナを浜辺にはき出しました。ヨナは、神さまに従うことが大事だとわかりました！

ヨナはニネベに行って、神さまがおっしゃったことを伝えました。

After three days, the fish spat him out on the seashore. Jonah learned his lesson!
Now he went to Nineveh as God had told him.

しんやくせいしょ

イエスさまの誕生
Jesus is Born

ナザレの町に、マリアという若い女の人が住んでいました。

In a little town called Nazareth lived a young woman called Mary.

ある日、天使があらわれていいました。「あなたは、特別な赤ちゃんをうみます。それは神さまの子どもです。その子をイエスと名づけなさい。」

One day an angel visited her. "You are going to have a very special baby – God's son," he said. "You must call him Jesus."

マリアはとてもうれしくて、神さまに感謝して歌いました。
Mary was very happy. She sang a song to thank God.

マリアは、大工のヨセフと結婚しました。赤ちゃんが生まれることになりました。

Mary was married to a carpenter called Joseph. She was expecting her baby soon.

ヨセフとマリアは、遠いベツレヘムに旅をしました。マリアはとてもつかれてしまいました。

Joseph and Mary had to make a long journey to Bethlehem. Mary was very tired.

ベツレヘムの宿屋は満員で、泊まるところがありません。親切な宿屋の主人がいいました。「家畜小屋にお泊まりなさい。」2人は泊めてもらいました。

There was nowhere to sleep in Bethlehem. A kind innkeeper said, "Stay in my stable." So they did.

その家畜小屋で、赤ちゃんのイエスさまが生まれました。マリアは、かいばおけに赤ちゃんをねかせました。

That night, baby Jesus was born in the stable. Mary made a warm bed for him in a manger.

ベツレヘムの近くの野原で、羊飼いたちが羊の番をしていました。

Shepherds were taking care of their sheep in fields near Bethlehem.

221

とつぜん、天使があらわれていいました。「救い主がベツレヘムで生まれました。」

Suddenly an angel came to them. "A baby who will save the world has been born in Bethlehem," he told them.

羊飼いたちはとても喜んで、赤ちゃんをさがしに走っていきました。

The shepherds were very excited! They rushed off to Bethlehem to find the baby.

羊飼いたちは、家畜小屋で赤ちゃんのイエスさまを見つけました。
そしてヨセフとマリアに、天使から聞いたことを知らせました。

They found baby Jesus in the stable. The shepherds told Joseph and Mary what the angel had said.

遠い東の国で特別な星を見た博士たちは、新しく生まれた赤ちゃんを見つけるために、その星についていきました。

Far away, some wise men saw a special star. They followed it to find the newborn baby.

何日もかかって、星は博士たちをベツレヘムにみちびきました。

After many days and nights, the star led them to the little town of Bethlehem.

博士たちはイエスさまに、すばらしい贈り物をささげました。
それは、黄金と乳香と没薬でした。

The wise men gave wonderful presents to baby Jesus: gold, frankincense and myrrh.

イエスさまの成長
Jesus Grows Up

マリアとヨセフはイエスさまをつれて、ナザレの町に帰りました。

Mary and Joseph took Jesus back to their home in Nazareth.

228

イエスさまはすくすく大きくなって、お父さんとお母さんのお手伝いをしました。友達ともなかよく遊びました。

As Jesus grew up, he helped his parents and played with his friends.

イエスさまが12才になったとき、マリアとヨセフとイエスさまは、エルサレムのお祭りに行きました。

When Jesus was twelve, Mary, Joseph and Jesus went to Jerusalem for a special festival.

人ごみの中で、マリアとヨセフは、イエスさまがいないことに気がつきました。2人は、あちらこちらさがしまわりました。

Mary and Joseph lost Jesus in the crowds. They looked for him everywhere.

ようやくイエスさまが見つかりました。イエスさまは、エルサレムの神殿で祭司たちと話していました。祭司たちは、イエスさまがとてもかしこいのでおどろいていました。

At last they found him. Jesus was in the temple talking to the priests. They thought he was very wise.

ナザレの家で、イエスさまは、お父さんのお手伝いをしました。
でもイエスさまは、いつか神さまの特別なお仕事をするようにな
ることをごぞんじでした。

At home in Nazareth, Jesus helped Joseph. But he knew God had a special job for him one day.

233

洗礼をうけたイエスさま
Jesus is Baptized

ヨハネという人が、ヨルダン川の岸で話していました。神さまを悲しませる悪いことをやめなさい、と教えていたのです。

A man called John was preaching by the River Jordan. He told people to stop doing bad things that made God sad.

大勢の人が、神さまにおわびをしました。ヨハネは、その人たちがきよい生活を始めるしるしとして、川で洗礼をさずけました。

Many people said they were sorry. So John dipped them in the river to show they were making a clean start.

235

イエスさまが川<ruby>川<rt>かわ</rt></ruby>にいらっしゃって、洗礼<ruby>洗礼<rt>せんれい</rt></ruby>をうけたいとおっしゃいました。ヨハネは、イエスさまに洗礼<ruby>洗礼<rt>せんれい</rt></ruby>をさずけました。

Jesus came to the river. He asked John to baptize him too. And John did.

はとのすがたをした聖霊が天からイエスさまにくだって、神さまの声が聞こえました。
「これは、わたしの子。わたしは、これを喜びます。」

A dove came from heaven. And God said, "This is my Son. I am pleased with him."

こころみをうけたイエスさま
Jesus is Tested

イエスさまが神さまのお仕事を始めるときのことです。イエスさまは、お祈りをするために荒野にいらっしゃいました。

It was time for Jesus to start his special work for God. First, he went to the desert to pray.

サタンがやってきて、イエスさまをだますために、3つの質問をしました。

In the desert Satan came to him. He asked Jesus three trick questions.

イエスさまは、サタンに「さがれ！」と命じておっしゃいました。
「『あなたの神である主をこころみてはならない』と聖書に書いて
ある。」

But Jesus told him to go away. He said, "The Bible says, 'Don't test the Lord your God.'"

240

ついにサタンは、イエスさまをだますのをあきらめました。
しばらくの間、サタンはイエスさまからはなれました。
At last Satan gave up trying to trick Jesus. He left him for a while.

イエスさまの時代のパレスチナ

ヤボク川

サマリヤ

● イエスがバプテスマ
　を受けた

● エリコ

エルサレム ●

死海

ベツレヘム ●

● ベエルシェバ

結婚式に招かれたイエスさま
Jesus Goes to a Wedding

友達がイエスさまを結婚式に招きました。みんな、ぶどう酒を飲んだりごちそうを食べたりして楽しんでいました。

A friend invited Jesus to a wedding. Everyone was enjoying the wine and food.

「ぶどう酒がたりない。どうしよう。」こまっている花婿に、マリアがいいました。「イエスさまにおねがいしてください。」

There's no more wine," said the bridegroom. "What shall we do?" "Ask Jesus to help," said Mary.

イエスさまがおっしゃいました。「水がめに水をいっぱい入れなさい。」召使たちは、いわれたとおりにしました。

Jesus said, "Fill the wine-jars with water." The men did as they were told.

なんと、水がぶどう酒になったではありませんか！　これが、イエスさまの最初の奇跡でした。

Now the water tasted like wine! This was Jesus' very first miracle.

4人の漁師を招く
Jesus Calls Four Fishermen

ある日、イエスさまは、4人の漁師が網をつくろっているのをごらんになりました。ペテロとアンデレとヤコブとヨハネです。

One day, Jesus saw four fishermen mending their nets. They were called Peter, Andrew, James and John.

「ついていらっしゃい」とイエスさまがおっしゃいました。「あなたたちを人間を取る漁師にしてあげよう！」4人は、イエスさまについていきました。

"Follow me," said Jesus. "I will teach you to catch men instead of fish!" And all four went with Jesus.

取税人を招く
しゅぜいにん まね

Jesus Calls a Taxman

人々は、取税人をきらっていました。取税人は、とてもたくさん
のお金を取りたてていたのです。

People didn't like the taxmen. They took too much money.

250

ある日、イエスさまはマタイという取税人をごらんになって、
おっしゃいました。「ついていらっしゃい。」

One day, Jesus saw a taxman called Matthew. "Follow me," he said.

マタイは、すぐに立ちあがって自分の仕事をやめました。そして、イエスさまの仲間になりました。

At once Matthew got up, and left his work. He became one of Jesus' friends.

イエスさまは、特別な仲間をもっとお招きになりました。ピリポ、バルトロマイ、トマス、もう1人のヤコブ、シモン、ユダ、それにイスカリオテのユダです。

Then Jesus called some more men to be his special friends. They were Philip, Bartholomew, Thomas the twin, another James, Simon, Judas and Judas Iscariot.

253

全部で12人になりました。この人たちが、イエスさまの特別な
仲間、イエスさまの弟子になったのです。

There were twelve men altogether.

Jesus' special friends, the disciples.

病気をなおすイエスさま
Jesus Makes Sick People Well

イエスさまは、弟子たちといっしょに、たくさんの町や村にいらっしゃいました。

Jesus began to travel to many towns and villages with his friends.

255

イエスさまは人々に、神さまのお話をなさいました。

He told people special stories about how God wants the world to be.

ある日、イエスさまは丘の上で、弟子たちにお祈りを教えました。
One day he climbed a hill. There Jesus taught his friends how to pray.

「こう祈りなさい。」

天にいます、わたしたちの父よ。御名が
あがめられますように。御国が来ますように。
みこころが天で行われるように地でも行われま
すように。わたしたちの日ごとのかてを今日も
おあたえください。わたしたちの罪をおゆるしください。
わたしたちも、わたしたちに罪をおかす人たちをゆるしました。
わたしたちをこころみにあわせないで、悪からお救いください。
アーメン。

You should say:"Our Father in heaven, Help us to keep your name
holy. Come and be our King so that everyone here on earth
will do what you want just as those in heaven obey you.
Give us the food we need today. Forgive us the bad things we've done
as we forgive those people who have done bad things to us.
Do not bring us to hard testing but keep us safe.
Amen

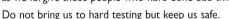

大勢の病人がイエスさまのところにやってきました。足が不自由な人たちもいました。

Many sick people came to Jesus. There were people with bad backs and bad legs.

目が見えない人や耳が聞こえない人もいました。

And people who couldn't see or couldn't hear.

イエスさまは、みんなの病気をなおしてくださいました。

Jesus made each one well again.

夜の訪問者
Jesus Visits a Man at Night

イエスさまのところに、ニコデモという人が来ました。もっと神さまのことを知りたかったのです。

Jesus visited a man called Nicodemus. He wanted to know more about God.

イエスさまはおっしゃいました。「神さまから新しいいのちをいただきなさい。人はだれでも、もう一度、生まれ変わらなければなりません。」

Jesus said, "You need new life from God! You must become like a baby all over again."

ニコデモは注意ぶかく聞きました。でも、むずかしくてよくわかりませんでした。

Nicodemus listened carefully. But he found it difficult to understand.

264

井戸のそばで女の人に会ったイエスさま
Jesus Meets a Woman at a Well

ある日、イエスさまは井戸のそばにこしをおろしました。とても
つかれていらっしゃったのです。

One day Jesus sat down beside a well. He was very tired.

女の人が水をくみに来ました。イエスさまは、「水を飲ませてください」とおっしゃいました。

A woman came to fetch water. "Give me some water, please," said Jesus.

266

イエスさまは、その女の人にすばらしいことをたくさんお話しになりました。女の人は、「あなたは神さまにつかわされた預言者なのですね」
といいました。

Jesus told her lots of wonderful things. She said, "You must be a special messenger from God."

イエスさまは、「わたしは世界を救うために神さまからつかわされたのです」とおっしゃいました。

But Jesus said, "I was sent by God to save the world."

よい<ruby>羊<rt>ひつじ</rt></ruby><ruby>飼<rt>か</rt></ruby>いの<ruby>話<rt>はなし</rt></ruby>
The Story of the Good Shepherd

イエスさまは、たくさんのたとえ<ruby>話<rt>はなし</rt></ruby>をなさいました。どのお<ruby>話<rt>はなし</rt></ruby>にも、<ruby>特別<rt>とくべつ</rt></ruby>な<ruby>意味<rt>いみ</rt></ruby>が<ruby>隠<rt>かく</rt></ruby>されていました。いくつか<ruby>読<rt>よ</rt></ruby>んでみましょう。

Jesus told many great stories. They all had a special, secret meaning. Here are some of them.

100匹の羊を飼う羊飼いがいました。ところが、1匹いなくなってしまいました。

There was once a shepherd who had one hundred sheep. Then one sheep went missing.

羊飼いはすぐに、いなくなった羊をさがしに出かけました。どこに行ってしまったのでしょうか。

At once, the shepherd went to search for the lost sheep. Where could it be?

<ruby>羊<rt>ひつじ</rt></ruby> <ruby>飼<rt>か</rt></ruby>いは、<ruby>羊<rt>ひつじ</rt></ruby>をさがして<ruby>歩<rt>ある</rt></ruby>きまわりました。

He searched high and low for his sheep.

272

ようやく、まいごの羊が見つかりました。羊飼いは羊を肩にのせて家に帰りました。

At last he found the lost sheep. He put it on his shoulders and carried it safely home.

羊飼いは友達にいいました。「いっしょにお祝いをしましょう。いなくなった羊が見つかったのです。」

イエスさまは、こうおっしゃいました。「だれでも神さまのところに帰ってくると、神さまは同じようにお喜びになります。」
"Come and have a party with me," he said to his friends. "I've found my lost sheep!" Jesus said, "God is happy too when anyone comes back to God."

2人の大工さんの話
ふたり　だいく　　　はなし
The Story of the Two Builders

イエスさまは、新しい家を建てることにした2人の人のお話をな
さいました。

Jesus told another story, about two men who decided to build new houses.

275

<ruby>1<rt></rt></ruby>人は、やわらかい<ruby>砂<rt>すな</rt></ruby>の<ruby>上<rt>うえ</rt></ruby>に<ruby>家<rt>いえ</rt></ruby>を<ruby>建<rt>た</rt></ruby>てました。

The first man built his house on soft sand.

もう1人は、かたい岩の上に家を建てました。

The second man built his house on hard rock.

ある日、あらしがやってきて、雨が降り、水があふれました。
砂の上の家は、すぐにこわれてしまいました。グシャッ！

One day, a storm came, rain fell, and the waters rose. Soon the house on sand fell down – CRASH!!!

かたい岩の上の家は、びくともしませんでした。

But the house on the hard rock stood firm.

イエスさまがおっしゃいました。「わたしのことばを聞いてその
とおりに行う人は、岩の上に家を建てたかしこい人のようです。」

Jesus said, "People who listen to my words, and do as I say, are like the wise man who built his house on rock."

いなくなった息子の話
The Story of the Lost Son

イエスさまは、2人の息子のお父さんのお話をなさいました。

Jesus told another story, about a man with two sons.

<ruby>弟<rt>おとうと</rt></ruby> <ruby>息子<rt>むすこ</rt></ruby>は、<ruby>家<rt>いえ</rt></ruby>をはなれることにしました。

The younger son decided to leave home.

その息子は遠くに行って、ぜいたくにくらしました。お金はすぐになくなってしまいました。

He went far away. He had lots of parties. But soon he had no money left.

息子は、ぶたの世話をすることになりました。おなかがぺこぺこになったので、ぶたのえさを食べました。

Now the man had to work. He looked after pigs. He was so hungry, he ate the pigs' food.

ついに息子は、家に帰って、お父さんにあやまろうと決心しました。

At last, he decided to go home and say sorry to his father.

お父さんは、息子が帰ってきたのでとても喜びました。そして、お祝いのパーティーを開きました。

イエスさまがおっしゃいました。「いなくなっていた人たちが帰ってくると、神さまもお喜びになるのです。」

His father was very happy that his son had come home. He threw a party to celebrate.
Jesus said, "God is happy too when he welcomes home people who were lost."

なくなった銀貨の話
The Story of the Lost Coin

イエスさまは、銀貨をなくした女の人のお話をなさいました。

Jesus told another story, about a woman who lost a silver coin.

287

それは特別な銀貨でした。だから女の人は、家の中をすみからすみまでさがしました。

The coin was very special, so she hunted for it high and low.

とうとう銀貨が見つかりました。女の人は友達にいいました。
「お祝いしましょう！　銀貨が見つかったのよ！」

イエスさまがおっしゃいました。「１人の人が神さまのところに
帰ると、天使たちも同じように喜びます。」

At last the woman found her lost coin. "Let's celebrate!" she said to her friends. "I've found the coin I lost!" Jesus said, "The angels are happy like this when a person comes back to God."

ヤイロの娘を助けたイエスさま
Jesus Helps Jairus' Daughter

ヤイロという人がかわいがっていた娘が、ある日、重い病気にか
かりました。

A man called Jairus had a little girl. One day she became very ill.

ヤイロはイエスさまを迎えに走りました。イエスさまに助けていただきたいと思ったのです。

Jairus ran to fetch Jesus. He wanted Jesus to help.

でも、イエスさまがヤイロの家についたとき、娘はもう死んでいたのです。イエスさまは、「娘よ、起きなさい」とおっしゃいました。

But when Jesus arrived at the home, Jairus' little girl had died. "Wake up, my dear!" said Jesus.

たちまち娘は起きあがりました。そして、ご飯を食べました。
イエスさまは、また奇跡をなさったのです！

At once, Jairus' daughter got up and had something to eat. Jesus had done another miracle!

あらしを静めるイエスさま

Jesus Calms a Storm

ある日、イエスさまは弟子たちといっしょに舟で湖を渡りました。

つかれていらっしゃったイエスさまは、ねむってしまいました。

One day Jesus was sailing across the lake with his friends, the disciples. He was tired and went to sleep.

とつぜん、はげしいあらしがおこって、舟は水びたしになりまし
た。弟子たちは、とてもこわがりました。

Suddenly a great storm arose. The boat filled with water. The disciples were very frightened.

弟子たちに起こされたイエスさまは、「あらしよ、静まれ！」とおっしゃいました。あらしがおさまって、湖はまた静かになりました。

They woke Jesus. He said "Storm, be still!" And everything was quiet again.

弟子たちはおどろきました。風や波までイエスさまに従ったからです。

The disciples were amazed! Even the wind and the waves listened to Jesus.

297

大勢の人たちに食べさせたイエスさま
Jesus Feeds a Great Crowd

イエスさまが、一日じゅう、外でお話をなさったときのことです。
集まった人たちは、おなかがすいてきました。

Another time Jesus was teaching people all day in the country. They grew very hungry.

だれも食べ物を持っていません。ただ男の子が1人、5つのパンと2匹の魚を持っているだけでした。男の子は、それをイエスさまにさしあげました。イエスさまは神さまに感謝のお祈りをなさいました。

Nobody had any food – except one boy. He had five loaves and two fish. He gave them to Jesus, who thanked God.

弟子たちは食べ物をくばりました。5000人もの人が、おなかい
っぱい食べることができました。

Then the disciples gave out the food. There were five thousand people – but now there was enough for everyone!

のこった食べ物を集めると、12のかごがいっぱいになりました。
イエスさまの奇跡を見て、みんながびっくりしました。

There were even twelve baskets of leftovers. People were astonished at this miracle of Jesus.

イエスさまと子どもたち
Jesus and the Children

ある日、お母さんたちが、子どもたちをイエスさまのところにつれていきました。

One day some mums wanted to bring their children to Jesus.

「あっちに行きなさい！　イエスさまはおつかれなんだ」と弟子たちがいいました。

"Go away!" said the disciples. "Jesus is much too tired."

それを聞いたイエスさまは、「子どもたちを、わたしのところに来させなさい」とおっしゃいました。

When Jesus heard this, he said, "Let the children come to me."

そして、弟子たちにお教えになりました。「あなたたちは、子どものようにならなければ、神の国に入ることはできません。」

"You will never get into God's kingdom unless you come in like a child," he told his friends.

イエスさまと背のひくい取税人

Jesus and the Tiny Taxman

イエスさまが訪れた町に、ザアカイという背のひくい取税人が住んでいました。

One day Jesus visited a town where there lived a tiny tax collector called Zacchaeus.

ザアカイは、みんなからきらわれていました。決まっている税金よりもたくさんのお金を取りたてたからです。

Nobody liked him because he took more money than he should.

ザアカイはイエスさまを見たいと思いましたが、背がひくいので見えません。それで、木にのぼりました。

Zacchaeus wanted to see Jesus, but he was just too small. So he climbed a tree.

イエスさまがごらんになって、おっしゃいました。「ザアカイ、おりてきなさい。今晩、あなたの家に泊まります。」

Jesus saw him and said, "Climb down, Zacchaeus! I want to come to tea with you."

イエスさまに会ってから、ザアカイはすっかり変わりました。だまして取ったお金をみんなに返すほどでした。

Zacchaeus changed completely after he met Jesus. He even gave back the money he had stolen.

10人の病人たち
Ten Sick Men

重い皮膚病にかかった人が10人、イエスさまのところに来ておねがいしました。「どうぞ、助けてください。」

One day, ten men came to Jesus. They had a horrible skin disease. "Please help us," they asked.

イエスさまは、病気をなおしてくださいました。10人とも全部。

Jesus healed them – all ten.

元気になった病人たちは、うれしくて走っていきました。

The men rushed off. They were so happy to be well again.

もどってきて、「イエスさま、ありがとうございます」といった
のは、たった１人だけでした。ほかの人たちは、お礼をいうのを
すっかり忘れてしまったのです。

Only one man came back. He said, "Thank you, Jesus." But the others completely forgot.

目が見えない物ごい
The Blind Beggar

ある日、弟子たちが、目が見えない物ごいを見てイエスさまにたずねました。「あの人は、何か悪いことをしたのですか。」

One day the disciples saw a blind beggar. "Has he done something bad?" they asked.

イエスさまは、「いいえ」とおっしゃって、その人の目にどろを
ぬりました。

"No," said Jesus. Then he put some mud on the man's eyes.

その人が目を洗うと、見えるようになったではありませんか！
だれもが、びっくりしました。イエスさまが、また奇跡をなさったのです。

When the man washed his eyes, he could see! Everyone was astonished. Jesus had done another miracle.

2人の姉妹に会ったイエスさま

Jesus Meets Two Sisters

イエスさまは、マリアとマルタという姉妹に会いました。
2人は、イエスさまを家にお招きしました。

Jesus met two sisters called Mary and Martha. They asked him to their home.

マリアは、すわって、イエスさまのお話を聞きました。マルタは、お料理がいそがしくて、お話を聞けませんでした。

Mary sat and listened to Jesus' stories. But Martha was far too busy cooking to listen.

「マリア、来て手伝ってよ。」マルタがふきげんそうにいいました。

"Come and help me, Mary," said Martha crossly.

イエスさまがおっしゃいました。「マルタ、怒ってはいけません。
マリアはよいほうをえらびました。わたしの話を聞きたかったの
です。」

"Martha, don't be cross," said Jesus. "Mary has
chosen well. She wants to listen to me!"

屋根からつりおろす
Down Through the Roof

イエスさまは、人がいっぱいの家で教えていらっしゃいました。

One day Jesus was teaching in a very crowded house.

ある人たちが、病気の友達をイエスさまのそばにつれていこうとしましたが、家は満員で入れません。その人たちは屋根にのぼると、そこに穴をあけました。

Some men wanted to bring their sick friend to Jesus. The house was full. So they climbed onto the roof and made a hole in it.

そして、病人を部屋につりおろしました。

Then the men let their sick friend down into the room.

その人たちは、イエスさまが病気をなおせることを信じていたのです。イエスさまが、「立ちなさい」とおっしゃると、病気がなおりました。

The man's friends believed Jesus could heal him. So Jesus said, "Stand up." And he did!

エルサレムにいらっしゃったイエスさま
Jesus Goes to Jerusalem

イエスさまは、エルサレムに行こうとなさいました。「わたしは、もうすぐ死にます」とおっしゃいましたが、弟子たちには、どういうことかわかりませんでした。

Jesus decided to travel to Jerusalem again. "Soon I am going to die," he told his disciples. But they didn't understand.

エルサレムはお祭りでした。イエスさまは、ろばをかりて、それにのってエルサレムにお入りになりました。

It was festival time in Jerusalem. Jesus borrowed a donkey. He rode it into Jerusalem.

327

イエスさまがいらっしゃるのを見た人たちは、しゅろの葉をふっ
てさけびました。「イエスさま！　わたしたちの王さま！」

When the people saw him coming, they
waved palm leaves. "Jesus is our King!"
they shouted.

328

神殿を訪れたイエスさま
Jesus Visits the Temple

イエスさまは神殿にいらっしゃいました。人々はそこで、お祈りするどころか物を売ったり買ったりしていました。

Jesus went to the temple. Instead of praying, men were buying and selling things there.

イエスさまは、人々を神殿から追い出しておっしゃいました。
「あなたたちは神の宮をどろぼうの巣にしている！」
Jesus threw them out of the temple. "You are making God's temple into a robbers' den!" he said.

イエスさまとまずしい女の人

Jesus and the Poor Woman

イエスさまは神殿で、人々が献金箱にお金を入れるのをごらんに
なりました。

Jesus watched people put money into a collecting box in the temple.

お金持ちがやってきて、たくさんの金貨をジャラジャラと入れました。

Some rich people clanked lots of gold coins in.

まずしい女の人は、小さいコインを２つ、チャリンと入れました。それは、その人の全財産でした。

A poor woman quietly dropped in two tiny coins. They were all she had.

イエスさまがおっしゃいました。「あの女の人は、ほかの人たちよりたくさん献金したのです。」弟子たちはおどろきました。

Jesus said, "She has given more than all the other people." The disciples were surprised.

イエスさまを捕<ruby>と</ruby>らえようとする人<ruby>ひと</ruby>たち
People Plot against Jesus

エルサレムのイエスさまをきらう人<ruby>ひと</ruby>たちは、イエスさまを捕<ruby>と</ruby>らえ

ようとたくらみました。

Some people in Jerusalem hated Jesus. They plotted against him.

その人たちは、イエスさまの弟子のユダにお金を渡しました。ユ
ダは、手伝うことになりました。

They gave money to Judas, one of Jesus' disciples. Then he helped them.

最後の晩餐
The Last Supper

ある晩、イエスさまは弟子たちといっしょに特別な夕食をめしあがりました。イエスさまはまた、「わたしは、もうすぐ死にます」とおっしゃいましたが、弟子たちにはまだわかりませんでした。

One night Jesus ate a special supper with his disciples. He said again, "I'm going to die soon." But they still didn't understand.

弟子たちが食べている間に、ユダはそこをぬけ出しました。イエスさまを捕らえる人たちに会いに行くのです。

While they were eating, Judas slipped out. He was going to meet the men plotting against Jesus.

338

イエスさまは、パンとぶどう酒を持っておっしゃいました。
「パンを食べ、ぶどう酒を飲むたびに、わたしのことを思い出しなさい。」

Jesus took some bread and wine. "Each time you eat bread and drink wine," he said, "remember me."

ゲツセマネの園で　In the Garden

夕食が終わると、
イエスさまは弟子たちをつれて園にいらっしゃいました。「ここで祈っていなさい」といわれたのに、弟子たちはねむってしまいました。

イエスさまは園でお祈りをなさいました。あたりは真っ暗でした。

After supper, Jesus took his disciples to a garden. "Let's pray here," he said. But they all fell asleep.
Jesus prayed in the garden. It was very dark.

とつぜん、大勢の足音が聞こえました。ユダがイエスさまの敵を
つれてきたのです。

Suddenly, there was a lot of noise! Judas led Jesus' enemies to him.

目をさましたイエスさまの弟子たちは、おどろいて逃げていきました。

Jesus' disciples woke up. They were scared and ran away.

343

兵隊たちがイエスさまを捕らえてつれていきました。

Soldiers arrested Jesus and took him away.

ペテロを見つけた人たちがいいました。「イエスの仲間だね。」

Some people saw Peter watching. "You're one of Jesus' friends," they said.

ペテロは、ぎょっとしていいました。「いいや、あの人のことなんか知らない！」

Peter was very frightened. So he said, "No – I've never heard of him!"

それは、うそでした。そのあとペテロは、とても後悔<ruby>後悔<rt>こうかい</rt></ruby>しました。

It wasn't true. Afterwards, Peter was very sorry for what he had said.

とても悲しい日
A Very Sad Day

兵隊たちは、イエスさまをローマの役人のところにつれていきました。役人はいいました。「この人は何も悪いことをしていません。」

Soldiers took Jesus to see the Roman ruler. He said, "This man has done nothing wrong."

ところが人々は、「殺せ！　殺せ！」とさけびました。

But the people shouted, "Kill him! Kill him!"

兵隊たちはイエスさまをつれ出しました。それからイエスさまを
木の十字架にかけて殺しました。

So soldiers took Jesus away. They nailed him on a wooden cross and left him to die.

イエスさまの家族や弟子たちはとても悲しみました。大切なかたを失ってしまったのです。

Jesus' family and his friends were very sad.
They had lost a very special person.

イエスさまはよみがえられた！
Jesus is Alive!

弟子たちは、イエスさまをほら穴にほうむりました。大きい石をころがして、お墓の入り口を閉じました。

Jesus' friends buried him in a cave. They rolled a huge stone across the doorway.

352

ところが、弟子たちが帰ってから、その石が取りのぞかれました。
お墓には、2人の天使がいました。

But when they came back, the stone had been rolled away. Two angels were inside the cave.

「こわがってはいけません」と天使がいいました。「イエスさまは生きています！ 死からよみがえったのです！」

"Don't be afraid," said the angels. "Jesus is alive! He has risen from the dead!"

イエスさまに会った人たち
Two Men Meet Jesus

2人の弟子がエルサレムからエマオに向かって歩いていました。
2人は、イエスさまが亡くなったことをとても悲しんでいました。

Two of Jesus' friends were walking home from Jerusalem. They were very sad that he had died.

もう1人の人が、弟子たちといっしょに歩きはじめました。
3人は、イエスさまのことを話しながら歩きました。
Another man started to walk with them. They all talked about Jesus.

エマオについたとき、弟子たちは、その知らない人を夕食に招きました。

When the two men arrived home, they invited the stranger to supper.

夕食のとき、その知らない人がイエスさまだということがわかりました。イエスさまは、ほんとうによみがえったのです！

As they ate supper, the men suddenly knew the stranger was Jesus. He really was alive!

とても喜んだ弟子たちは、仲間の弟子たちに知らせるために、エルサレムに走っていきました。

The men were so happy! They ran back to Jerusalem to tell their friends.

359

湖畔で朝ご飯

Breakfast on the Beach

ある晩、何人かの弟子たちが魚を取りに行きました。

One night, some of the disciples went fishing.

弟子たちは、湖畔で待っているイエスさまを見つけました。イエスさまは火をおこしていらっしゃいました。

Then they saw Jesus waiting on the beach. He had lit a fire.

361

湖の岸で、イエスさまは弟子たちといっしょに朝ご飯をめしあがりました。イエスさまはよみがえったのです！

So Jesus had breakfast with his disciples beside the lake. Jesus was alive!

362

イエスさまはお帰りになった
Jesus Goes Back Home

まもなく、イエスさまは弟子たちをはなれて、天のお父さまのところにお帰りになりました。

Soon after this, Jesus left his friends. He returned to his Father in heaven.

363

でも弟子たちは、イエスさまがいつまでも生きていらっしゃることを知ったのです。

But the disciples knew that Jesus was alive forever.

足の不自由な人を助けたペテロとヨハネ
Peter and John Help a Lame Man

ある日、ペテロとヨハネが、お祈りをするために神殿に行きました。

One day, Peter and John went to the temple to pray.

365

神殿の外に男の人がすわっていました。歩けないのです。「お金を恵んでください。」

A man sat outside the temple. He couldn't walk. "Please give me some money," he said.

「お金はありません。でも、神さまがあなたをなおしてください
ます。」ペテロがそういうと、その人は立ちあがりました。歩け
るようになりました！

"We have no money," said Peter. "But God will heal you." The man stood up. He could walk!

牢屋から逃げたペテロ
Peter Escapes from Prison

ペテロはエルサレムで伝道を始めました。「イエスさまは生きて
いらっしゃいます！」

Peter started to preach to people in Jerusalem. "Jesus is alive!" he said.

368

ところが、イエスさまの敵は、それが気に入りません。ペテロを
牢屋に入れてしまいました。

But Jesus' enemies didn't like this. They threw Peter into prison.

その晩、ペテロのところに天使が来て、牢屋からつれ出してくれました。

That night, an angel came to Peter. The angel led him out of prison.

370

ペテロは家の戸をたたきました。

Peter knocked on the door of his house.

「はい」といって出てきた少女は、ペテロを見ると、うれしくて、うれしくて、戸をあけるのをわすれてしまいました！

The girl who answered was so happy to see him that she forgot to open the door!

イエスさまのことを聞くアフリカ人
A Man from Africa Hears about Jesus

アフリカからエルサレムに来た人が、馬車で帰るところです。
聖書を読んでいますが、どういう意味かわかりません。

A man from Africa was driving his chariot home from Jerusalem. He was reading his Bible. But what did it mean?

そこに、イエスさまを信じるピリポがやってきました。ピリポは、聖書に書いてあることの意味を教えてあげました。

Then he met Philip, one of Jesus' disciples. Philip helped him understand what he was reading.

アフリカ人はピリポにいいました。「わたしもイエスさまの弟子になりたいと思います。」

The man said to Philip, "I would like to be a friend of Jesus too."

イエスさまに会ったサウロ
Saul Meets Jesus

サウロは、イエスさまやイエスさまの弟子たちをにくんでいました。

Saul hated Jesus and his friends.

ある日、サウロは、イエスさまを信じる人たちを捕らえるために
ダマスコの町に出かけました。

One day, Saul set out for the city of Damascus
to arrest Jesus' friends there.

そのとちゅう、まぶしい光にてらされました。天から声が聞こえて、サウロは地面にたおれました。

On the way, a bright light shone. Saul heard a voice from heaven. He fell to the ground.

その声はいいました。「わたしはイエスです！ あなたは、わたしを迫害している。わたしの弟子たちをいじめているのだから。」

"I am Jesus!" said the voice. "You're hurting me because you're hurting my friends."

379

このことがあってから、サウロもイエスさまの弟子になりました。サウロは、すっかり変わりました。名前も、サウロからパウロになりました。

After this, Saul became one of Jesus' friends too. He changed completely. He even changed his name from Saul to Paul!

旅に出たパウロとバルナバ
Paul and Barnabas go on a Journey

パウロは、ほかの人たちにイエスさまのことを伝えたいと思いました。サウロはバルナバという人となかよしになりました。

Now Paul wanted to tell other people about Jesus. He made friends with a man called Barnabas.

パウロとバルナバは、いっしょに旅をして、あちらこちらでイエスさまのお話をしました。

They walked many miles together. At each place, they told people about Jesus.

382

牢屋に入れられたパウロ
Paul Goes to Prison

それからパウロは、シラスという人といろいろなところに出かけ
ました。

Later, Paul went to many places with a man called Silas.

ある町で、パウロとシラスは牢屋に入れられました。何にも悪いことをしないのに！　2人は、ただイエスさまのことを話していただけなのです。

In one town, Paul and Silas were thrown into prison. They had done nothing wrong! They had just talked about Jesus.

384

牢屋の中でも、パウロとシラスは一晩じゅうイエスさまをさんび
していました。

Even in prison, they sang songs about Jesus all night!

真夜中ごろ、とつぜん地面がゆれました。牢屋の壁という壁が音をたてて割れました。パウロとシラスのくさりは、はずれて落ちてしまいました。

Suddenly, at midnight, the earth shook. The walls cracked. Paul and Silas's chains fell off.

けれども2人は逃げ出しませんでした。牢屋の番人がおどろいて
いいました。「どうしたら、わたしもイエスさまに救われるでしょ
うか。」

But they didn't run away. The jailer was amazed. He asked, "How can I follow Jesus too?"

つぎの日、番人はパウロとシラスを釈放しました。2人はまた、イエスさまを伝えに行くことができました。

Next day, the jailer set them free. They could go on telling people about Jesus.

ふたたび牢屋に入れられたパウロ
Paul Goes to Prison Again

エルサレムに帰ったパウロは、イエスさまの弟子になったという
理由で、また牢屋に入れられました。

Paul went back to Jerusalem. He was thrown into prison again for being a friend of Jesus.

王さまの前につれていかれて、パウロはいいました。「わたしは
何も悪いことをしていません。イエスさまはよみがえったと話し
ただけです。」

Paul was taken before the king.
"I have done nothing wrong,"
he said. "I only told people
that Jesus is alive."

パウロの船出
Paul Sets Sail

しばらくすると、パウロは長い船の旅に出ました。

Soon after, Paul set sail on a long voyage.

とつぜん、あらしがおこって、船がしずみそうになりました。
けれども天使がパウロに、「だいじょうぶ」といいました。
Suddenly a storm arose. The ship was in danger. But an angel told Paul no one would be hurt.

ますます風が吹き荒れ、高波がはげしくなりました。とうとう船がこわれはじめました。

The winds blew harder. The waves rose higher. Finally, the ship sank.

けれども、パウロもほかの人たちもだいじょうぶ。泳いで島につきました。

But Paul and everyone else on board was safe. They swam to an island.

パウロとペテロ、そしてイエスさまのほかの弟子たちは、イエスさまについて知っていることを何もかも記録しました。

Later, Paul and Peter and some of Jesus' other friends wrote down everything they knew about Jesus.

わたしたちは今、弟子たちが書いたできごとを聖書で読むことができます。

Now we can read their stories in our Bible.

聖書には、イエスさまがなさったことや、十字架の上で亡くなったイエスさまがよみがえられたことが書いてあります。

The story of Jesus, and how he lived on earth. How he died on the cross and rose again.

イエスさまは、いつまでも生きていらっしゃるのです！

And how he lives for ever!